아동권리존중
교사 실천 워크북

조경희 조현정 정애련 이현정 오미나 지음

지식터

워크북 시작하기

1. 우리 아이들에게는 권리가 있어요

아동권리협약의 원칙(UN아동권리협약)

- 비차별의 원칙
- 아동 이익 최우선의 원칙
- 생존, 발달의 보장 원칙
- 의사표현과 참여의 원칙
- 관계한 모든 성인 책임의 원칙

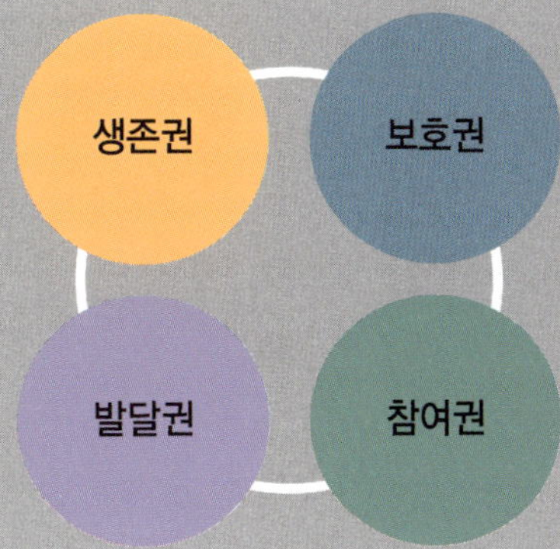

콩쥐의 사례로 아동의 권리를 생각해 볼까요?

어린 콩쥐는 4가지 권리가 다 무시되고 있습니다.

- **생존권**: 깨끗한 옷과 성장에 필요한 음식이 제대로 제공되지 않고 있어요.
- **보호권**: 정서적인 보살핌이 제공되지 않고 있고, 차별을 경험하고 있어요.
- **발달권**: 교육받을 권리, 재미있게 놀 권리, 쉬고 싶을 때 쉴 수 있는 권리가 무시되고 있어요.
- **참여권**: 콩쥐가 무엇을 하고 싶은지 물어보지 않고, 하고 싶지 않아도 자신의 의사를 표현할 수 없어요.

여기서 잠깐! 어린 팥쥐는 권리가 보장되고 있을까요?

'보호권'을 저해하는 어른의 모습을 보는 것만으로도 팥쥐 또한 보호권이 지켜지지 않고 있습니다(정서적 학대에는 아동이 학대를 목격하도록 하는 행위가 포함됩니다).
권리를 무시하는 어른의 행동을 지속적으로
지켜보고 자란 팥쥐는 건강한 아이로 자랄 수 있을까요?
사람들과 잘 어울려서 살아갈 수 있을까요?
아이들의 인권을 지켜주기 위해서는 좋은 아이, 나쁜
아이라는 어른의 평가는 필요하지 않습니다.
모든 아이들은 '아동'이라는 그 자체로 인권을
보장받아야 합니다.

	잘 자라게 하는 것 **발달권**		의견을 존중하는 것 **참여권**
새로운 음식은 거부해요.	건강을 위해 먹여야 할까요?	vs.	아이의 의견을 존중해서 먹지 않도록 해야 할까요?
잠을 안 자려고 해요.	잘 자랄 수 있도록 잠을 재워야 할까요?	vs.	아이의 의견을 존중해서 잠을 자지 않도록 해야 할까요?
한 가지 놀이만 고집해요.	아이의 발달을 위해 다른 놀이를 제시해야 할까요?	vs.	아이가 좋아하는 놀이를 계속하게 해야 할까요?

어떠한 결정을 내리든 결정을 내릴 때에는 "아동 이익 최우선의 원칙"이 지켜져야 합니다!

2. 권리존중을 실천할 수 있어요

권리존중을 위한 실천 **차별에서 존중으로**

선생님께 듣기 좋은 말

- OO이가 하는 말에 귀를 기울이면 들려요.
- OO이가 저 놀잇감을 갖고 놀고 싶었구나. 친구에게 이야기했다면 얼마나 좋았을까?
- OO이가 이렇게 하면 선생님 기분이 어떨까?

선생님께 듣기 싫은 말

- OO이는 원래 말을 잘 못하잖니? 너희들이 이해해요.
- OO아, 너는 왜 맨날 다른 친구 놀잇감을 빼앗니?
- 진짜 너는 왜 선생님한테 늘 이래? 진짜 못살겠다.

권리존중을 위한 실천 **무시에서 존중으로**

선생님께 듣기 좋은 말

- 아이쿠, 이런 OO 다쳤구나 많이 아프지? 선생님이 약 발라줄게요.
- OO이가 속상하구나. 울음을 멈추고 말해 줄 수 있을까? 울지 않고 말한다면 선생님이 네 이야기를 들을 수 있을 거야.
- 와! OO이가 그린 그림이 최고구나 앞으로 나와서 어떤 그림을 그렸는지 이야기해 주세요.

선생님께 듣기 싫은 말

- 괜찮아. 아이구 울지 마라 아프지 않아요.
- OO아, 이제 그만 울자. 너는 늘 큰 소리로 울잖아.
- 음, OO이가 그린 그림이었네. 다른 친구 그림 보자.

권리존중을 위한 실천 조롱에서 존중으로

선생님께 듣기 좋은 말

- 00이가 하는 말 들어보자. 말해 보세요.
- 00이는 이렇게 하고 싶었구나. 선생님처럼 따라 해보세요.
- 지금 졸립구나. 자고 싶니? 그럼 휴식영역에 잠시 쉬자.
- 00아 선생님처럼 다시 해볼까?

선생님께 듣기 싫은 말

- 네가 할 수 있다구? 한번 해봐요.
- 으이구, 네가 그럼 그렇지.
- 잠 자라 할 때 안 자더니 지금 졸고 있네. 일어나세요.
- 또 틀렸어요? 선생님 잘 보라고 했지?

권리존중을 위한 실천 비난에서 존중으로

선생님께 듣기 좋은 말

- 00이가 생각대로 했지? 그런데 선생님 생각에는 이렇게 하면 어떨까 생각하는데...
- 00이 오줌 마려웠구나. 저쪽으로 가자.
- 이렇게 잡고 먹어보자.

선생님께 듣기 싫은 말

- 으이구, 잘 한다.
- 00아, 창피해라. 아직도 기저귀를 차고 오줌을 싸네.
- 이게 뭐야? 흘리지 말라고 했죠?

권리존중을 위한 실천 협박에서 존중으로

선생님께 듣기 좋은 말

- 00아, 한번 맛볼까? 이건 무슨 맛일까?
- 친구가 얼마나 아플까? 00이도 친구 우니까 속상하지요?
- 00이가 너무 큰 소리로 얘기하는 것 같아. 조금만 조용히 말해 볼까?

선생님께 듣기 싫은 말

- 00아, 밥 안먹으면 삐뽀삐뽀 경찰아저씨 와요.
- 너 자꾸 친구 때리면 아빠 오시라 한다.
- 조용히 하라 했지? 이리 따라오세요.

권리존중을 위한 실천 거친 접촉에서 존중으로

선생님이 최고예요

- 00아 저쪽으로 살짝 비켜줘요. 선생님 지나갈게.
- 00아, 친구들이 오가는데 불편하구나. 조금만 자리를 옮겨보자. 선생님이 옮겨줘도 될까?
- 00이 거울 보고 선생님처럼 입 벌려보자. 그렇지, 칫솔을 잡고 이렇게 살살 치카치카 하는 거예요.

선생님, 이러면 싫어요

- 00아, 저리 비켜. (어깨를 슬쩍 민다.)
- 으이구 얘는 맨날 여기서 이래. (의자에 앉은 유아를 들어 옮긴다.)
- 아~~ 입 벌려요. 뭐가 아프니? 이렇게 싹싹 닦아야 하는 거야.

3. 우리반 아이들이 이런 아이로 자랐으면 좋겠어요

사랑받는 아이요.

행복한 아이요.

건강한 아이요.

사람들과 잘 어울릴 수 있는 아이요.

친구들과 잘 노는 아이요.

즐겁게 지내는 아이요. (아래 ①, ②에 작성해 보세요.)

① ____________________

② ____________________

이를 위한 우리(교사)의 실천은?

'태도'의 변화입니다.

아동 권리를 존중하는 태도가 나에게 스며들 수 있도록 항상 스스로를 점검해야 합니다.

그리고 혼자서는 실천하기가 힘듭니다. 동료 교사 간의 응원과 지지가 필요합니다.

교육기관 전체 구성원의 지속적인 성찰과 관심이 필요합니다.

4. 활동지는 이렇게 활용해 보세요

아동권리존중을 위해 노력하시는 선생님들께 아동권리존중을 위한 활동지를 마련해 보았습니다.

활동지는 다양한 주제를 포함시켜 30가지의 활동으로 구성되어 있습니다.

각 활동지는 1년간 매월 한 가지 활동을 할 수도 있고, 교육기관에 맞게 한 달에 여러 활동을 할 수도 있습니다(활동 횟수에 따라 1년 동안 사용할 수도 있고, 2년 동안 사용할 수도 있습니다).

각각의 활동은 순서대로 진행해도 되고, 각 교육기관마다 중요한 이슈나 다루고 싶은 주제가 있다면 순서를 바꿔서 활용할 수 있습니다.

활동 주제에 맞추어 다양한 자료를 응용해서 활동을 진행할 수 있습니다.

'아동권리존중 교사교육 연간계획서'는 매년 3월마다 활용할 수 있고, '아동권리존중을 위한 자기평가서'는 아동권리존중 태도를 내면화하기 위해 상 · 하반기 반복해서 활동할 수 있습니다.

차례

아동권리존중 교사교육 계획서

____________________(기관명)에서는 아동의 권리존중을 실천하기 위해 교사교육을 마련하였습니다. 교육자료를 참고하여 시기별 내용을 선정하고 아동의 권리존중을 위한 실천가로서의 역할에 최선을 다할 것을 다짐해 보세요.

※ 계획은 기관의 상황에 맞게 기간과 내용을 선정할 수 있습니다.

교육일 ____________________ **교육이수자** ________________(서명)

- **교육계획 기간 :** ~
- **교육내용 선정 :** 교육자료의 목차를 확인하여 우리 기관에 적합하게 계획하기

월	교육내용	방법 및 실행	월	교육내용	방법 및 실행

아동권리존중 교사교육 오리엔테이션

__________ 년도 우리 기관은 아동권리존중을 위해 권리보장 실천의 방향을 안내하고자 합니다. 오리엔테이션 내용을 듣고, 가장 기억에 남는 키워드 한 가지를 적어주세요.

교육일 ______________________________ 교육이수자 ____________________(서명)

권리보장 실천 방향성

- 우리 기관은 권리 주체 모두의 인권을 존중한다.
- '인권 친화 기관 만들기'를 목표로 기관의 운영 속에서 다양하게 실천한다.
- 인권(인간으로서 당연히 갖는 권리)을 존중하며 기관의 아동, 교사, 학부모의 안전하고 행복한 삶을 지원한다.

교육기관에서의 권리보장을 위한 실천

아동 권리가 있어요

- **생존권** : 균형잡힌 영양식, 안전한 교육환경 조성 등
- **보호권** : 발달에 적합한 환경, 안전교육, 건강교육 운영 등
- **발달권** : 질 높은 교육 과정 운영, 놀이 중심 운영 등
- **참여권** : 아동 중심 운영, 아동의 의견 반영 교실 운영 등

교사 권리가 있어요

- **근로 환경권** : 교사를 위한 공간, 적절한 급여, 원하는 날에 휴가 사용, 재교육 기회 등
- **교육과정 운영 자율권** : 담임교사-학부모 간 우선 상담, 자율적 교육활동 계획 등
- **기관 운영 참여권** : 일관성 있는 근무 평가, 운영위원회 위원 간 동등성
- **신분 보장권** : 전문직으로의 사회적 인정, 교사 인권존중을 위한 노력

학부모 권리가 있어요

- **부모·기관 간 소통 방법** : 오리엔테이션, 신입 적응프로그램, 알림장, 운영위원회
- **부모참여 활동** : 부모참여 수업, 부모교육 참여
- **열린 교육기관** : 다양한 열린 교육기관 프로그램에 참여, 인권 가정통신문

우리 기관의 권리존중 실천 방향의 키워드를 적어봅시다

OX 퀴즈

아동권리존중 교사교육 오리엔테이션

Q1 아동의 권리는 생존권·보호권·발달권·참여권이 있다.

Q2 교사의 권리는 근로 환경권, 교육과정 운영 참여권, 기관 운영 자율권, 신분 보장권이 있다.

Q3 학부모의 권리는 부모·기관 간 소통방법, 부모참여활동이다.

정답 **1** ○ **2** ×(교육과정 운영 자율권, 기관 운영 참여권) **3** ○

우리는 아동권리존중 지킴이

우리 기관은 신입 교직원 임용이나 새 학기에 자체교육으로 아동학대예방 교육을 실시하고 아동권리존중을 위해 노력합니다. 교육참여 후 교육내용을 생각해 보며 기록해 보세요.

교육일 ______________________ **교육이수자** ______________(서명)

1. 교육자료는 무엇을 활용하였나요?

2. 교육자료의 주요 내용은 무엇인가요?

3. 교육강사 또는 주체는 누구였나요?

4. 교육 실시 후 나의 마음가짐은 어떠한지 간단하게 기록하고 생각을 나눠보세요.

아동권리존중을 위한 선서

교육일 ______________________ 교육이수자 ______________(서명)

우리는 교육자로서의 자세를 유지하고
아동의 권리보호, 존중, 충족을 위해 책임을 다할 것을 선서합니다.

하나, 우리는 아동이 차별 없이 평등하고 행복하게 자라도록 돕는다.

하나, 우리는 아동에게 안전하고 편안한 교육환경을 제공하기 위해 노력한다.

하나, 우리는 아동에게 충분한 영양과 위생적인 급식을 제공하여 영유아가 건강하게 성장하도록 돕는다.

하나, 우리는 아동이 자신의 욕구와 의사를 자유롭게 표현할 수 있도록 격려한다.

하나, 우리는 아동의 발달과 개별적 특성에 적합한 교육을 위해 노력한다.

하나, 우리는 아동존중을 바탕으로 일체의 체벌을 포함한 신체학대, 성학대, 정서학대, 방임을 하지 않는다.

하나, 우리는 아동학대 예방을 위해 노력하며 아동학대가 의심될 경우 신고 의무자로서의 책임을 다한다.

하나, 우리는 교육활동에 부모참여를 확대하고, 지역사회와 전문가 연계를 통해 아동이 바르게 성장할 수 있도록 기반을 조성한다.

출처: 어린이집 안전공제회(2018). 어린이집 보육교직원 안전교육.

OX 퀴즈

아동권리존중을 위한 선서

Q1 교직원의 아동권리존중을 위한 선서는 아동의 권리보호, 존중, 충족을 위한 노력의 다짐이다.

Q2 아동 교육의 전문가로서 안전하고 편안한 교육환경을 제공하기 위해 노력해야 한다.

Q3 전문가로서 아동이 자신의 욕구와 의사를 자유롭게 표현할 수 있도록 격려해야 한다.

정답 **1** ○ **2** ○ **3** ○

UN아동권리협약을 알아보자

아동은 신체적, 정신적으로 발달과정에 있어 특별한 보호와 배려가 필요합니다. 모든 아동이 안전하고 행복한 환경에서 잠재력을 충분히 발휘하며 자랄 수 있도록 UN아동권리협약에서는 아동의 기본권 4가지를 제시하고 있습니다.
UN아동권리협약이 담고 있는 4가지 기본권 중 가장 중요하다고 생각하는 권리는 어떤 것이 있나요?

교육일 ____________________ **교육이수자** ______________(서명)

- 생존권 : 적절한 생활수준을 누릴 권리, 안전한 주거지에서 살아갈 권리, 충분한 영양을 섭취하고 기본적인 보건서비스를 받을 권리 등 기본적인 삶을 누리는 데 필요한 권리입니다.
- 보호권 : 모든 형태의 학대와 방임, 차별, 폭력, 고문, 징집, 부당한 형사처벌, 과도한 노동, 약물과 성폭력 등 어린이에게 유해한 것으로부터 보호받을 권리입니다.
- 발달권 : 잠재능력을 최대한 발휘하는데 필요한 권리입니다. 교육 받을 권리, 여가를 즐길 권리, 문화생활을 하고 정보를 얻을 권리, 생각과 양심과 종교의 자유를 누릴 권리가 여기에 속합니다.
- 참여권 : 자신의 생활에 영향을 주는 일에 대하여 의견을 말할 수 있어야 하며, 그 의견을 말하고 존중받을 권리입니다. 표현의 자유, 양심과 종교의 자유, 의견을 말할 권리, 평화로운 방법으로 모임을 자유롭게 열 수 있는 권리, 사생활을 보호받을 권리, 유익한 정보를 얻을 권리 등이 있습니다.

1. 내가 가장 중요하다고 생각하는 기본권은 무엇입니까?

2. 4가지 기본권 중 가장 중요하다고 생각하는 이유는 무엇입니까?

출처: 아동권리보장원 홈페이지. '기본권의 정의' 발췌

OX 퀴즈

UN아동권리협약을 알아보자

Q1 충분한 영양을 섭취하고 기본적인 서비스를 받을 권리는 발달권이다.

Q2 교육받을 권리, 여가를 즐길 권리는 참여권이다.

Q3 양심과 종교의 자유, 사생활을 보호받을 권리는 보호권이다.

정답 **1** ×(생존권) **2** ×(발달권) **3** ×(참여권)

아동학대 사례를 통해 알아보아요

그동안 매체를 통해 보도된 아동학대 관련 사건, 사고 사례를 선정하여 함께 분석하고 서로의 생각을 나눠보세요.

교육일 ______________________ 교육이수자 ______________(서명)

사례관련 기사문 붙이기

1. 사례 선정하기

언제 발생했나요?	
사례내용은 무엇인가요?	
피해 정도는 어떠했나요?	

2. 위 사례를 통해 발견한 문제점은 무엇인가요?

3. 위와 같은 아동학대를 예방하기 위해서는 어떠한 노력을 해야 할까요?

채영이의 등원시간 토론

함께 나눌 이야기 - 4세 채영이의 등원시간

나는 등원할 때 눈물이 나요. 엄마와 헤어지기 싫은데 엄마는 밖에서 나를 쳐다보고만 있어요. 선생님이 반겨주시지만 계속 눈물이 나요. 내가 계속 울고 있을 때 가끔 원장 선생님이 나를 돌봐주시기도 하는데 계속 돌봐주는 것은 아니에요. 내가 울고 있으면 친구들은 나를 이상하게 쳐다봐요.

교육일 ______________________ 교육이수자 ______________(서명)

1. 채영이처럼 우는 아동이 언제든지 우리반 아이일 수 있습니다. 우리 기관은 울음을 보이는 아동들을 위해 일관된 지원을 제공하고 있는지 점검해 보세요.

협의를 통한 일관된 지원을 하고 있다.	(○ ×)
교사 개개인의 재량에 맡겨 지원하고 있다.	(○ ×)

2. 우리 기관에서는 아동을 위해 어떻게 지원하고 있는지 재점검하고, 아동존중을 위한 가장 좋은 지원방법에는 무엇이 있을지 생각을 나눠보세요.

OX 퀴즈

채영이의 등원시간 토론

Q1 아동들이 새로운 환경에 적응하는 속도가 다르기 때문에 적응할 수 있는 충분한 시간을 제공해야 한다.

Q2 부모와 헤어지는 시간을 힘들어하는 아동은 울음으로 자신의 감정을 표현한다.

Q3 아동이 큰 소리로 울면 빨리 그칠 수 있도록 안아서 그 자리를 떠난다.

정답 **1** ○ **2** ○ **3** × (울음은 아동의 감정표현이므로 충분히 힘든 마음을 표현할 수 있도록 시간을 주면서 달래준다.)

나만의 아동권리선언문

아동권리존중을 위해 나는 어떠한 실천을 할 수 있을까요?

__________년 새로운 학기가 시작되면서 다짐하는 나만의 아동권리선언문을 작성해 보세요.

교육일 ____________________ **교육이수자** __________________(서명)

교사의 아동권리선언문

하나.

하나.

하나.

하나.

하나.

년 월 일

부주의한 모습 NO! 긍정교사로 거듭나기

우리 반 아이들을 지도할 때 나의 모습은 어떤가요? 부주의한 지도 체크리스트를 작성해 보고, 긍정적인 지도 방향으로 개선하기 위해 어떤 노력을 해야 하는지 생각해 보세요.

교육일 ______________________ 교육이수자 ______________(서명)

	일과 중에 다음의 부주의한 지도 상황이 생긴 적이 있었나요?	거의 없음	종종 있음	자주 있음
무시	1. 아동의 요구를 일부러 못들은 척 함 (예 아동이 좋아하는 반찬을 더 달라고 하는 요구를 무시)	0	1	2
	2. 교사의 도움이 필요한 상황에서 방관함 (예 아동이 산책하다가 넘어져 우는데 선생님을 부를 때까지 돕지 않음)	0	1	2
	3. 아동의 개별적 요구를 수용하지 않고 반 전체에 맞추라고 함 (예 낮잠 시간에 먼저 일어난 아동에게 일어나지 말고 다시 누우라고 함)	0	1	2
비난	4. 실수 행동의 책임을 아동에게 돌려 수치심을 갖게 함 (예 "두 눈 똑바로 보고 다니지 않아서 넘어졌지!")	0	1	2
	5. 문제의 원인을 아동에게 전가하여 죄책감을 갖게 함 (예 "네가 뭘 잘못 했으니까 안 놀아주지! 친구들이 괜히 그러겠냐?")	0	1	2
	6. 발달에 부적합한 기대를 하여 아동의 실수를 추궁함 (예 "이거 누가 흘렸어? 똑바로 앉아서 먹지 않은 친구 누구야?")	0	1	2
조롱	7. 교사들끼리 아동의 미성숙을 비웃음 (예 "우리 반 큰 아기, 오늘 또 운다! 선생님 재 왜 또 울어요?")	0	1	2
	8. 다른 아동들과 성취와 능력을 비교하며 비하함 (예 "친구들은 혼자 잘 하는데 너는 왜 선생님 올 때까지 안하고 기다리니?")	0	1	2
	9. 대집단 활동 시 아동의 행동과 처벌에 대해 토론을 함 (예 "약속 어긴 친구들은 우리 반 아니었으면 좋겠지요?")	0	1	2
거짓협박	10. 기대행동을 안하거나 못하면 기회를 박탈하겠다고 위협함 (예 "놀잇감 가지고 한번 만 더 싸우면 다른 반에 가져다 줄 거야")	0	1	2
	11. 서둘러 일을 해결하기 위해 조건을 걸어 강요함 (예 "열까지 셀 동안 정리하지 않으면 오늘 점심 못 먹는다.")	0	1	2
	12. 아동 행동 통제를 위해 공포스러운 귀결을 예고함 (예 "낮잠 자야 엄마 오시지? 안 자면 엄마 오지 말라고 할 거야.")	0	1	2
차별	13. 아동 개인의 특성에 대해 언급하며 비호감을 표시함 (예 "선생님! 얘 좀 달래 봐요! 얘는 나랑 코드가 안 맞아.")	0	1	2
	14. 다른 아동과 비교하며 놀림 (예 "아기처럼 언제까지 기저귀 찰래? 기저귀찬 친구는 별로야.")	0	1	2
	15. 발달이 늦은 아동의 활동 참여 기회를 막음 (예 현장학습에 안전사고의 위험이 있다면서 참여하지 못하게 함)	0	1	2
거친접촉	16. 아동이 규범이나 지시를 따르지 않을 때 다소 거칠게 물리력을 행사함 (예 순서를 지키지 않는 아이에게 뒤로 가라고 손을 대는데 아이가 밀쳐짐)	0	1	2
	17. 아동이 사용 중인 사물을 함부로 다루어 불쾌감을 느끼게 함 (예 낮잠시간에 아동이 누워 있는 매트를 발로 밀며 이동시킴)	0	1	2
	18. 안전사고의 위험을 예방하기 위해 물리력을 행사함 (예 뛰면 위험하다고 이야기를 했는데도 계속 뛰어다녀서 손으로 확 잡음)	0	1	2

출처: 보건복지부(2021). 어린이집 아동학대 대응 매뉴얼.

OX 퀴즈

부주의한 모습 NO! 긍정교사로 거듭나기

Q1 거짓 협박은 부주의한 지도에 포함되지 않는다.

Q2 아동의 요구를 일부러 못 들은척하는 것은 부주의한 지도이다.

Q3 발달이 늦은 아동의 활동 참여 기회를 막는 것은 부주의한 지도이다.

정답 **1** × (거짓 협박도 부주의한 지도에 포함된다.) **2** ○ **3** ○

편식하는 아동을 위한 토론

교사인 나도 싫어하는 음식이 있습니다. 아래의 질문에 답변을 적어보고, 서로의 생각을 나눠보세요.

교육일 ____________________ **교육이수자** ________________(서명)

1. 내가 제일 싫어하는 음식은 무엇인가요?

2. 그 음식이 싫은 이유는 무엇인가요?

3. 내가 싫어하는 음식이 급식으로 나왔을 때, 선생님이 나에게 어떻게 급식 지도를 하면 좋을까요?
   (▸ 이렇게 지도해 줬으면 좋겠어요.)

4. 우리 반 아이가 싫어하는 음식이 나왔을 때, 교사인 나는 어떻게 지도할 것인가요?
   (▸ 나는 앞으로 우리 반 아이가 싫어하는 음식이 나왔을 때, 이렇게 지도할 거예요.)

OX 퀴즈

편식하는 아동을 위한 토론

Q1 거부하는 음식이 있더라도 골고루 먹어야 하기 때문에 반드시 먹여야 한다.

Q2 싫어하는 음식이 나왔을 때, 어떤 맛인지 탐색할 수 있도록 기회를 준다.

Q3 식사 시간에 먹고 싶은 것을 먹으며 즐거울 권리가 있다.

정답 **1** × (아동이 거부하는 음식을 억지로 먹이는 것은 학대적 행위가 될 수 있다.) **2** ○ **3** ○

아동학대 사례를 통해 알아보아요

그동안 매체를 통해 보도된 아동학대 관련 사건, 사고 사례를 선정하여 함께 분석하고 서로의 생각을 나눠보세요.

교육일 ______________________ **교육이수자** ______________(서명)

사례관련 기사문 붙이기

1. 사례 선정하기

언제 발생했나요?	
사례내용은 무엇인가요?	
피해 정도는 어떠했나요?	

2. 위 사례를 통해 발견한 문제점은 무엇인가요?

3. 위와 같은 아동학대를 예방하기 위해서는 어떠한 노력을 해야 할까요?

동료 교사의 아름다운 모습을 칭찬합니다

어떤 상황에서 어느 선생님이 어떻게 아동의 인권을 존중했는지 구체적으로 작성하고 함께 칭찬해 주세요.

교육일 ______________________ **교육이수자** ______________(서명)

작성 예시) 먹고 싶지 않은 음식을 권유해 보고 아동이 선택할 수 있는 기회를 제공해 주시는 ○○○선생님을 칭찬해요. (선생님 이름과 칭찬 이유 기록하기)

선생님을 칭찬하고 함께 실천해요

아동권리존중을 위한 십계명

우리 기관만의 아동권리지침은 어떤 내용으로 만들면 좋을까요?
아동권리존중을 위한 의견을 협의하여 우리 기관만의 아동권리존중 십계명을 작성해 보세요.

교육일 ______________________ **교육이수자** ______________(서명)

아동권리존중 십계명

하나	
둘	
셋	
넷	
다섯	
여섯	
일곱	
여덟	
아홉	
열	

나는 ______________________(기관명) **교사로서 아동의 권리를 존중하고 함께 약속한 위의 내용을 지키기 위해 노력하겠습니다!**

교사 ______________(서명)

윤주의 낮잠시간 토론

함께 나눌 이야기

평소 낮잠을 자지 않는 윤주는 오늘도 낮잠을 자지 않습니다. 윤주의 건강한 성장을 위해 낮잠을 재워야 할까요? 윤주가 낮잠을 자고 싶어하지 않는데 아이의 의견을 존중하여 낮잠을 자지 않도록 해야 할까요? 아동의 발달권과 참여권 중 어떤 권리를 더 중요하게 생각해야 할까요?

선생님의 의견을 기록하고 동료 교사와 함께 토론해 보세요.

교육일 ____________________ 교육이수자 ____________________(서명)

1. 낮잠시간에 내가 중요하다고 생각하는 기본권은 무엇인지 동그라미 'ㅇ' 하세요.

발달권 (건강하게 자라려면 낮잠을 자게 도와줘야 한다.)	
참여권 (낮잠을 자고 싶지 않은 아이의 의견을 우선 존중해주어야 한다.)	

2. 중요하다고 생각하는 이유는 무엇인가요?

3. 동료교사와 토론 후 나의 생각에는 어떤 변화가 있었나요?

OX 퀴즈

윤주의 낮잠시간 토론

Q1 낮잠은 아동의 건강을 위해 필요한 발달권이다.

Q2 낮잠을 자고 싶지 않은 아이들의 의견도 존중되어야 한다.

Q3 아동의 개별적 수면 요구에 맞는 환경과 수면 시간을 제공하는 것은 아동권리를 존중하는 것이다.

정답 **1** ○ **2** ○ **3** ○

우리 기관의 조직문화를 빛다

우리 교육기관의 조직문화는 아동권리존중이 잘 실천되도록 많은 영향을 주게 됩니다. 행복한 교직원은 행복한 아이들을 만들고, 교직원과 아이들이 모두 행복할 때 행복한 교육기관이 됩니다. 행복한 교직원을 위한 우리 기관의 노력을 찾아 기록해 보고, 좋은 의견도 제안해 보세요.

교육일 ______________________ **교육이수자** ______________(서명)

우리 기관을 자랑해요^^

우리 기관은 교직원이 일하기 좋은 환경을 위해

______________________________이(/가) 있어요.

근무시간 준수, 자체 힐링 프로그램, 편리한 교사실 등등 우리 기관의 자랑거리를 적어보세요.

우리 기관의 문화를 자랑하고 싶어요!

우리 기관은 ______________________________의

좋은 조직문화가 있어요.

교직원 간 존댓말 사용하기, 아침에 만나면 인사하기, 동료장학, 즐거운 조직분위기 등
우리 기관의 조직문화를 적어보세요.

우리 기관을 위해 제안하고 싶어요!

행복한 우리 기관을 위해

______________________________을(/를) 제안하고 싶어요.

OX 퀴즈

우리 기관의 조직문화를 빛다

Q1 일하기 좋은 조직문화는 아동권리존중을 위해 노력할 수 있는 환경을 만들어 주는 것이다.

Q2 교직원 간 원활한 소통과 존중의 문화는 아동권리존중을 실천하는 데 도움이 된다.

Q3 좋은 조직문화를 만들기 위해 제안하고 실천하는 것은 아동권리존중을 위한 노력이다.

정답 **1** ○ **2** ○ **3** ○

아동권리존중을 위한 자기평가서

교사 스스로 평가를 통해 자기반성과 성장을 해나갈 때, 우리 기관의 아동권리가 보장되고 교사로서 전문성을 향상시킬 수 있습니다. 아동권리존중을 위한 지도를 실천하고 있는지, 체크리스트를 작성해 보세요.

교육일 ______________________ 교육이수자 ______________(서명)

아동인권기반 자기점검 체크리스트(교사용)

교사가 하루 일과의 시작과 끝에 자신의 태도, 행동, 교수방법을 성찰하며, 교실 운영이 아동친화적인지 자기점검할 수 있는 체크리스트입니다.

	항목	YES	NO
1	우리 반 교실 환경은 아이들의 눈높이에 맞추어 안전하고 안정감 있게 구성되어 있다.		
2	나는(또는 교육기관은) 아이들의 경제적, 문화적 차이 또는 성별, 연령 등으로 차별하지 않는다.		
3	나는(또는 교육기관은) 아이들이 자신의 의견을 충분히 이야기할 수 있도록 기회를 주고 그 의견을 진지하게 듣는다.		
4	나는(또는 교육기관은) 하루 일과를 결정할 때 아이들의 의견을 듣고 함께 결정한다.		
5	나는(또는 교육기관은) 아이들과 상호작용할 때 언어, 행동, 태도 전반에 아이들을 존중하려고 노력한다.		
6	나는(또는 교육기관은) 아이들의 발달적 특성과 진화하는 능력을 믿으며 이해하고 기다려준다.		
7	나는(또는 교육기관은) 아이들에게 영향을 주는 일을 결정할 때, 아이들의 생각과 관점에서 다시 한 번 생각하려고 노력한다.		
8	나는(또는 교육기관은) 아이들이 부당함을 느낄 때 이야기하고 도움을 요청할 수 있는 신뢰할 수 있는 사람이다.		
9	나는(또는 교육기관은) 아이들에게 관련된 문제에 대한 충분한 정보를 사전에 제공한다.		
10	나는(또는 교육기관은) 문제 상황(교사와 교사, 교사와 아동, 교사와 보호자)이 발생하였을 때, 비폭력적인 방법으로 그 문제를 해결하며, 문제의 근원을 찾고 해결하려고 노력한다		

출처: 서울특별시교육청(2020). 유치원용 인권교육 자료 기반. p. 44에서 수정 발췌.

1. 체크리스트 중 가장 잘 실천하고 있고, 스스로 칭찬하고 싶은 것은 무엇인가요?

2. 체크리스트 내용 중 지금 나에게 가장 보완이 필요한 것은 무엇인가요?

OX 퀴즈

아동권리존중을 위한 자기평가서

Q1 놀이나 활동을 스스로 중단할 수 있도록 미리 예고 시간을 여러 번 알려주는 것은 아동권리를 존중하는 행동이다.

Q2 놀이시간에 아동이 자유롭게 선택하고 주도적으로 놀이할 수 있는 환경과 기회를 제공하는 것은 아동권리를 존중하는 것이다.

Q3 아동이 충분히 생각하고 표현할 수 있도록 여유를 갖고 기다리는 것은 아동권리를 존중하는 것이다.

정답 1 ○ 2 ○ 3 ○

현우의 놀이시간 토론

함께 나눌 이야기 - 5세 현우의 놀이시간

나는 클레이 놀이가 재미있어요. 물고기도 찍어보고 포도알도 만들죠. 그런데 선생님은 매일 클레이만 가지고 논다며 퍼즐놀이와 블록놀이도 하라고 하세요. 그래서 언제부턴가 선생님이 쳐다보시면 클레이를 놓고 블록놀이를 하게 돼요.

교육일 ______________________ 교육이수자 ____________________(서명)

1. 현우의 사례는 아동권리 중 무엇과 관련하여 생각해 볼 수 있을까요?

2. 현우가 우리 기관에서 즐겁게 놀이하기 위해 교사로서 어떻게 지원하면 좋을지 서로의 생각을 나눠보세요.

OX 퀴즈

현우의 놀이시간 토론

Q1 놀이는 반드시 다양하게 해야 한다.

Q2 우리반 아이들의 놀이를 위해 교사가 계획하고 환경을 만들어서 그 계획대로 놀이할 수 있도록 이끌어준다.

Q3 놀이를 하지 않고 휴식 공간에서 누워 있는 아동은 놀이에 참여하도록 계속 권유한다.

정답 **1** × (다양하게 놀이해야 하는 것은 아니다. 아동의 흥미와 관심이 중요하다.) **2** × (교사는 아동의 놀이 환경을 지원해 주고, 아동은 그 환경 안에서 자신만의 놀이를 진행한다.) **3** × (휴식도 놀이의 일종으로 이해하고 아동의 선택을 존중해 준다. 다만, 아동의 건강 상태를 체크해 보는 것은 도움이 된다.)

나의 아동권리존중 실천 성장일지

지난 1년간 아동권리존중 교사교육을 통해 나의 인식 변화와 교육기관 생활에 어떠한 변화가 있었는지 기록해 보세요.

교육일 ______________________________ **교육이수자** ____________________(서명)

1. 나의 아동권리존중 인식에는 어떠한 변화가 있었나요?

2. 아동권리존중 교육을 통해 나의 교육기관 생활에는 어떠한 변화가 있었나요?

3. 나의 변화 중 가장 칭찬하고 싶은 내용은 무엇인가요?

온 가족이 함께하는 아동권리존중 실천

우리 기관은 아동학대 관련 교육자료를 가정에 안내하고 아동권리존중 실천을 위해 온 가족이 함께 노력합니다. 우리 기관의 노력을 기록해 보고 더 좋은 실천방법을 계획해 보세요.

교육일 ______________________ **교육이수자** ______________(서명)

1. 아동권리존중을 위해 가정과 함께 협력한 내용을 기록해 보세요.

①	②
③	④

2. 가족과 함께 아동권리존중을 위해 한걸음 더 나아갈 수 있는 실천계획에는 어떠한 것이 있을까요?

아동권리존중을 실천하는 가정 안내문 예시

1. 아동학대의 개념에 대해 알아보아요

아동학대는 보호자를 포함한 성인에 의하여 아동의 건강과 복지를 해치거나 정상적 발달을 저해할 수 있는 신체적 · 정서적 · 성적 폭력, 가혹행위 및 아동의 보호자에 의한 유기와 방임을 말한다(아동복지법 제2조제4호).

2. 학대의 유형에는 어떤 것이 있을까요?

신체 학대

- 신체적 손상을 입힌 경우와 신체적 손상을 입도록 허용한 경우, 아동에게 가해진 체벌은 이유 여하를 막론하고 학대에 해당

성학대

- 성인이 성적 충족을 목적으로 아동과 함께 하는 모든 성적 행위, 포르노 매체에 배우로 출연, 포르노물 판매 행위

정서 학대

- 언어적 · 정서적 위협, 억제, 감금, 기타 가학적 행위
- 아동의 인격, 감정이나 기분을 심하게 무시하거나 모욕하는 행위
- 좁은 공간에 장시간 혼자 가두어 두는 행위

방임

- 고의적, 반복적으로 아동 양육 및 보호를 소홀히 하여 아동의 건강과 복지를 해치거나 정상적인 발달을 저해하는 모든 행위

3. 절대 안돼요!!!

- 아동의 신체에 상해를 주는 학대행위
- 아동의 정신건강 및 발달에 해를 끼치는 정서적 학대행위
- 의식주를 포함한 기본적 보호 양육 및 치료를 소홀히 하는 방임행위
- 아동을 타인에게 매매하는 행위
- 아동에게 음행을 시키거나 음행을 매개하는 행위
- 장애를 가진 아동을 대중에 관람시키는 행위

4. 자녀의 권리존중을 위한 약속 정하기

약속 하나 :

약속 하나 :

약속 하나 :

5. 사랑하는 (   )아(야), 너는 존귀한 존재야 ~ 너를 칭찬할게!

한 번의 미소	정확히 잘 하고 있어	대단한 발견이야~	네가 자랑스러워
나만의 칭찬을 만들어요 1	나만의 칭찬을 만들어요 2	나만의 칭찬을 만들어요 3	나만의 칭찬을 만들어요 4

출처: 초록우산 어린이재단 교육센터 자료 발췌

OX 퀴즈

온 가족이 함께하는 아동권리존중 실천

Q1 학대에는 신체 학대, 성 학대, 정서 학대, 방임 등이 있다.

Q2 좁은 공간에 장시간 혼자 가두어 두는 행위는 방임이다.

Q3 포르노물을 아동과 함께 보는 것은 성 학대이다.

정답 **1** ○ **2** × (아동을 가두는 것은 정서 학대에 해당한다.) **3** ○

나는야 아동학대 신고 의무자

아동학대 징후 체크리스트를 통해 어려움에 처한 아동이 있는지 살펴보고, 아동학대 의심이 있을 경우 어떻게 해야 하는지 생각해 보세요.

교육일 ______________________ **교육이수자** ______________(서명)

아동학대 상황이 의심스러울 때, '아동학대 징후 체크리스트'를 활용해 보십시오.

구분	내용	체크란	
1	사고로 보기에는 미심쩍은 멍이나 상처가 발생한다.	□ 예	□ 아니오
2	상처 및 상흔에 대한 아동 혹은 보호자의 설명이 불명확하다.	□ 예	□ 아니오
3	보호자가 아동이 매를 맞고 자라야 한다는 생각을 갖고 있거나 체벌을 사용한다.	□ 예	□ 아니오
4	아동이 보호자에게 언어적, 정서적 위협을 당한다.	□ 예	□ 아니오
5	아동이 보호자에게 감금, 억제, 기타 가학적 행위를 당한다.	□ 예	□ 아니오
6	기아, 영양실조, 적절하지 못한 영양섭취를 보인다.	□ 예	□ 아니오
7	계절에 맞지 않는 옷, 청결하지 못한 외모를 보인다.	□ 예	□ 아니오
8	불결한 환경이나 위험한 상태로부터 아동을 보호하지 않고 방치한다.	□ 예	□ 아니오
9	성 학대로 의심할 만한 질환, 신체적 흔적이 있다.	□ 예	□ 아니오
10	성인의 성적 행동을 모방하는 행동을 나타낸다.	□ 예	□ 아니오
11	자주 결석하거나 결석에 대한 사유가 불명확하다.	□ 예	□ 아니오
12	아동에게 필요한 의료적 처치 혹은 예방접종을 실시하지 않는다.	□ 예	□ 아니오
13	보호자에 대한 거부감과 두려움을 보이고, 집(보호기관)으로 돌아가는 것에 대해 두려워한다.	□ 예	□ 아니오
14	아동이 매우 공격적이거나 위축된 모습 등의 극단적인 행동을 한다.	□ 예	□ 아니오
1개 문항 이상 "예"라고 체크된 경우, 아동학대를 의심해 볼 수 있는 상황입니다. 아동학대가 "의심"되면 아동학대 신고전화 112로 반드시 신고해 주시기 바랍니다.			

아동학대가 의심된다면 우리는 무엇을 해야 할까요?

출처: 교육부 · 보건복지부(2016). 아동학대 조기발견 및 관리 · 대응 매뉴얼.

알아두세요!! 아동학대 조기발견 및 무단결석 관리 · 대응 매뉴얼

1 기본 원칙

아동학대 징후 발견 시 즉시 신고

- (매일) 영유아 건강 · 안전 확인 및 결석 아동의 결석 사유 확인
- (아동학대 인지 또는 의심 시) 수사기관(**112**)에 즉시 신고 등 필요 조치 즉시 시행

  ※ 아동학대를 의심할 수 있는지 여부에 대해서는 아동보호전문기관과 상담

  ※ 아동학대 징후 체크 리스트, 아동학대 신고의무자용 점검표 등 활용

무단결석 아동 및 퇴학 · 퇴소 아동 관리 강화

- (무단결석) 2일 이상 무단결석 아동 발생 시 전화연락 또는 가정방문 등을 통해 아동학대가 의심되거나 아동의 안전과 소재가 파악되지 않은 경우 수사기관(112)에 신고

  ※ 가정방문은 유치원 · 어린이집 교직원과 읍면동 공무원으로 구성된 2인이 함께 실시
- (퇴학 · 퇴소) 명확한 사유없이 퇴학 · 퇴소 신청 시, 아동학대가 의심되는 경우 수사기관(**112**)에 신고

아동학대 신고의무자의 역할 숙지

- 유치원 · 어린이집의 장은 소속 교직원 대상 아동학대 신고의무자 교육을 연 1회 1시간 이상 실시

  ※ 아동학대 예방 및 신고의무에 관한 법령, 아동학대 신고의무자용 점검표, 아동학대 발견 시 신고방법, 피해아동 보호절차, 신고의무자에 대한 보호 등
- 관리 · 감독기관에서는 연 2회 유치원, 어린이집 자체 교육실적 점검

2 평상 시 관리 · 대응

☞ **매일 아동의 건강과 안전을 확인합니다.**

☞ **보호자 동의서(무단결석 시 가정방문)를 사전에 받아둡니다.**

※ 사전에 동의서를 제출하지 않은 가정도 무단결석 시 방문할 수 있으며 의도적으로 동의서를 제출하지 않은 경우 보다 세밀한 관심을 기울입니다.

- 등원 시 아동의 건강상태를 살피고, 평상 시와 다른 상흔, 감정 변화가 있는 경우에는 보호자에게 문의하여 확인

  ※ 필요 시 의심사항 기록

3 아동학대 징후 발견 시 관리 · 대응

☞ 아동학대 인지 또는 의심 시 즉시 수사기관(**112**)에 신고합니다.

아동학대 신고의무자의 신고절차

학대 의심 징후 (상흔, 증언 등) 발견
(아동학대 징후리스트 활용)

→

응급상황 시 아동의 안전 및 신병 확보
(예 : 긴박한 상황인 경우 아동을 병원에 데려간 이후에 신고)

→

아동학대 신고 (112)

↓

현장조사 및 사례개입 협조
- 아동 조사가 필요한 경우 원내에 독립된 장소 제공 협조
- 아동과 친밀한 관계가 형성되어 있는 교사가 함께 아동조사에 참여

←

사후지원 및 서비스 협조

※ 스마트 앱 「**목격자를 찾습니다**」 아동학대 신고 코너를 활용하여, 사진 · 동영상 등을 촬영하여 신고 가능

※ '아동학대 징후 체크 리스트', '아동학대 신고의무자용 점검표'를 활용하여 신고 여부 판단

※ 아동학대를 의심할 수 있는지 여부에 대해서는 아동보호전문기관과 상담

출처: 교육부 · 보건복지부(2016). 아동학대 조기발견 및 관리 · 대응 매뉴얼. pp. 16-17 수정 발췌.

OX 퀴즈

나는야 아동학대 신고 의무자

Q1 상처 및 상흔에 대한 아동 혹은 보호자의 설명이 불명확한 것은 아동학대 증후로 볼 수 있다.

Q2 아동에게 필요한 의료적 처치 혹은 예방접종을 실시하지 않는 것은 아동학대 증후로 볼 수 있다.

Q3 아동학대 증후로 보기 애매한 상황은 명확해질 때까지 의심하지 말아야 한다.

정답 **1** ○ **2** ○ **3** × (사소하거나 애매한 상황이라도 일단 아동학대 증후로 봐야 한다.)

아동학대 사례를 통해 알아보아요

그동안 매체를 통해 보도된 아동학대 관련 사건, 사고 사례를 선정하여 함께 분석하고 서로의 생각을 나눠보세요.

교육일 ______________________ **교육이수자** ______________(서명)

사례관련 기사문 붙이기

1. 사례 분석하기

언제 발생했나요?	
사례내용은 무엇인가요?	
피해 정도는 어떠했나요?	

2. 위 사례를 통해 발견한 문제점은 무엇인가요?

3. 위와 같은 아동학대를 예방하기 위해서는 어떠한 노력을 해야 할까요?

우리는 아동안전 지킴이

우리 기관을 다니는 아동이 정당한 사유 없이 무단 결석을 할 경우 우리는 어떻게 해야 할까요? 아동의 안전을 지키기 위한 대응법을 알아보고, 꼭 기억해 두세요.

교육일 ____________________ **교육이수자** ________________(서명)

1. 무단결석 아동이 발생했을 경우 기관에서 어떻게 해야 할까요?

<table>
<tr><th>시기</th><th>점검해야 할 사항</th><th>조치 필요 사항</th><th>행정조치 사항</th></tr>
<tr><td>결석 당일
(1일째)</td><td></td><td></td><td rowspan="2">조치 결과를
관리대장에
기록해 놓기</td></tr>
<tr><td>2일째</td><td></td><td></td></tr>
</table>

2. 반복적으로 결석을 하는 아동이 있을 경우 어떻게 해야 할까요?

OX 퀴즈

우리는 아동안전 지킴이

Q1 아동이 정당한 사유 없이 무단 결석했다고 해서 무조건 의심하는 것은 부모님께 죄송스러운 일이다.

Q2 반복적으로 결석하는 아동을 심각하다고 생각할 필요는 없다.

Q3 결석과 관련해서 어떻게 해야 할지 판단은 혼자 하지 말고 기관에 보고해서 함께 결정해야 한다.

정답 **1** × (정당한 사유 없이 무단 결석을 했다면 무조건 의심하고 점검과 조치를 취해야 한다.) **2** × (반복적으로 결석할 경우에도 점검하고 필요한 조치를 취해야 한다.) **3** ○

선생님을 칭찬합니다

함께 근무하는 동료 선생님들의 모습 속에서 아동의 권리를 존중하기 위해 노력하시는 에피소드를 찾아 칭찬해 주세요.

교육일 ______________________ **교육이수자** ______________(서명)

선생님을 칭찬해요^^

______________ 선생님의 ______________ 모습은
아이들을 웃음 짓게 합니다.

선생님을 닮고 싶어요!

______________ 선생님의 ______________ 모습을 보면
행복해져요.

선생님은 최고예요!

아이들을 위해 ______________________ 하는 선생님은
우리 기관에서 최고예요!!

아동권리존중 서약서

아동권리존중의 기본서인 UN아동권리협약에 명시된 내용을 생각해 보고, 교사로서 최선을 다할 것을 서약하면서 다음의 내용을 채워주세요.

1. 본인 ________________(이름)은(는) ________________(기관명)교직원으로서 아동을 독립된 인격체로서 존중하고, 아동의 이익이 최우선이 될 수 있도록 아동의 권리(생존권 · 보호권 · 발달권 · 참여권)를 존중하며 아동의 권리 증진을 위한 환경 조성을 위해 노력할 것을 서약합니다.

2. UN아동권리협약에 명시된 아동권리와 관련하여 아래 내용을 준수할 것을 서약합니다.

하나, 아동에 대한 (예: 체벌, 폭행 등 신체학대 행위를) 하지 않겠습니다.

하나, 아동에 대한 ( ) 하지 않겠습니다.

하나, 아동에게 ( ) 이루어지지 않도록 하겠습니다.

하나, 아동복지법에 따른 ( ) 준수하겠습니다.

하나, 기타 아동권리와 관련하여 준하는 행위를 하지 않겠습니다.

3. 아동학대 예방을 위한 교육 및 제반 활동에 솔선수범 하고, 아동복지법 제26조 및 아동학대특례법 제10조에 따라 '아동학대 신고 의무자'로서 아동학대가 의심되거나 아동학대를 알게 되었을 경우 지체 없이 신고할 것을 서약합니다.

4. 어떠한 이유로든 아동에게 체벌하지 않을 것을 서약합니다.

20 년 월 일

________________(기관명) 교직원 ________________(인 또는 서명)

UN아동권리협약이란?

UN아동권리협약(UN Convention on the Rights of the Child; CRC)

어린이는 신체적, 정신적으로 발달단계에 있어 어른과는 달리 적절한 법적 보호를 포함한 특별한 보호와 배려가 필요합니다. 모든 어린이가 안전하고, 행복한 환경에서 잠재력을 충분히 발휘하기 위한 것들을 모아 놓은 것이 UN아동권리협약입니다. 1989년 11월 20일 UN에서 채택된 UN아동권리협약은 지구촌 모든 어린이들의 권리를 지켜주기 위한 국제사회의 약속입니다.

우리나라는 1991년 11월 20일에 아동권리협약을 비준하였습니다.

- 아동의 권리보호만을 목적으로 만들어진 국제사회 최초의 협약입니다.
- 아동도 권리를 가진 주체로 인정한 유일한 협약입니다.
- 시민 · 정치적 권리부터 경제 · 사회 · 문화적 권리까지 모든 인권의 영역을 포괄하고 있는 최초의 국제협약입니다.
- 국제협약 중 가장 많은 국가의 비준을 받은 협약으로 미국과 소말리아를 제외한 모든 유엔 가입국이 비준하였습니다.

UN아동권리협약이 담고 있는 4가지 기본권

생존권

적절한 생활수준을 누릴 권리, 안전한 주거지에서 살아갈 권리, 충분한 영양을 섭취하고 기본적인 보건서비스를 받을 권리 등 기본적인 삶을 누리는 데 필요한 권리입니다.

보호권

모든 형태의 학대와 방임, 차별, 폭력, 고문, 징집, 부당한 형사 처벌, 과도한 노동, 약물과 성폭력 등 아동에게 유해한 것으로부터 보호받을 권리입니다.

발달권

잠재능력을 최대한 발휘하는 데 필요한 권리입니다. 교육 받을 권리, 여가를 즐길 권리, 문화생활을 하고 정보를 얻을 권리, 생각과 양심과 종교의 자유를 누릴 권리가 여기에 속합니다.

참여권

자신의 생활에 영향을 주는 일에 대하여 의견을 말할 수 있어야 하며, 그 의견을 말하고 존중받을 권리입니다. 표현의 자유, 양심과 종교의 자유, 의견을 말할 권리, 평화로운 방법으로 모임을 자유롭게 열 수 있는 권리, 사생활을 보호받을 권리, 유익한 정보를 얻을 권리 등이 있습니다.

출처: 아동권리보장원 홈페이지. 'UN아동권리협약' 관련 내용 발췌.

OX 퀴즈

아동권리존중 서약서

Q1 UN아동권리협약에 명시된 아동의 권리에는 신체 학대, 정서 학대, 방임 행위 금지에 대한 내용이 있다.

Q2 아동학대 신고 의무자는 아동학대가 의심될 경우 신고해야 한다.

Q3 아동의 올바른 교육과 교육과정을 위해서는 사랑의 매가 필요할 수 있다.

정답 **1** ○ **2** ○ **3** × (어떠한 체벌도 허용되지 않는다.)

낮잠시간 아동권리존중 이야기

우리 기관의 낮잠시간은 아동의 권리가 존중되고 있나요?
우리 반 또는 우리 기관의 낮잠시간을 생각하며,
아래의 문항에 기록하고 서로의 생각을 나눠보세요.

교육일 ______________________ 교육이수자 ______________(서명)

우리반(우리 기관의)의 낮잠시간 점검하기

1. 우리반 아동들을 위해 낮잠시간의 편안한 분위기를 어떻게 조성하나요?
   교사의 지원:

2. 같은 시간대에 잠들고 일어나는 규칙이 잘 형성되고 있나요?
   교사의 지원:

3. 잠 대신 조용히 휴식을 취하게 할 경우 어떻게 하나요?
   교사의 지원:

4. 수면의 안전은 어떻게 살피고 있나요?
   교사의 지원:

OX 퀴즈

낮잠시간 아동권리존중 이야기

Q1 낮잠시간을 위한 편안한 분위기 조성은 아동의 잠잘 권리를 위한 노력이다.

Q2 낮잠시간에 자는 아동과 잠자고 싶지 않은 아동을 위한 노력은 모두 중요하다.

Q3 수면의 안전을 위해 노력하는 것은 생명을 보호받을 권리를 지켜주는 것이다.

정답 **1** ○ **2** ○ **3** ○

나의 귀인 성향 점검하기

교사는 아동의 실수 행동을 발견하였을 때 행동의 원인을 잘 이해하는 것이 매우 중요합니다. 아동의 행동을 교사의 권위에 도전하는 것으로 오인하면 아동들과 불필요한 힘겨루기를 하게 되어 부주의한 행동을 하게 됩니다. 귀인 성향 점검을 통해 아동을 바라보는 자신의 성향을 점검해 보세요.

교육일 ______________________________ 교육이수자 ____________________(서명)

아동의 행동에 대한 귀인 성향 점검하기

다음의 아이의 행동에 대한 A와 B 입장 둘 중에 자신의 생각과 가까운 것에 ○표시해 주세요.			
1	아이가 등원할 때 울면서 들어오지 않으려고 하는 것은	A. 교사를 독차지하려는 의도가 있는 것이다.	
		B. 엄마와 헤어지는 것이 어려웠기 때문이다.	
2	아이가 식사를 할 때 음식을 흘리면서 먹는 것은	A. 교사의 말을 유념해서 듣지 않기 때문이다.	
		B. 노력해도 잘 안 되는 것이다.	
3	아이가 낮잠을 자지 않겠다고 할 때	A. 시키는 대로 자려는 척을 하면 문제 삼지 않는다.	
		B. 낮잠을 자지 않는 원인을 파악하는 것이 문제이다.	
4	아이가 줄서지 않고 친구를 미는 것은	A. 교사가 옆에서 보고 있지 않아서이다.	
		B. 다른 친구의 입장을 이해하기 어려워하기 때문이다.	
5	아이가 자기 옷과 물건을 못 챙기는 것은	A. 나를 시중드는 사람으로 무시해서이다.	
		B. 어른의 도움이 필요하다는 신호이다.	
6	아이가 까다롭게 굴면서 짜증을 내는 것은	A. 나를 얕보기 때문이다.	
		B. 고유한 기질 때문이다.	
7	아이가 평소와 다르게 행동하는 것은	A. 나의 관심을 끌고 싶어서이다.	
		B. 그럴 만한 사연이 있어서이다.	
8	아이가 문제행동을 할 때에는	A. 교사의 권위 있는 칭찬, 벌, 타임아웃 등이 효과적이다.	
		B. 원인을 찾아서 지원하는 것이 효과적이다.	
9	동시에 여러 아이들을 보육해야 하므로 아이들은	A. 예외 없이 교사의 지시를 따르도록 버릇을 들여야 한다.	
		B. 일과를 여유 있게 운영하여 갈등을 최소화시킨다.	

* A 응답이 많을수록, 아동의 행동이 교사인 자신의 권위에 도전하는 것으로 귀인오류를 할 가능성이 높음.

개선해야 할 나의 귀인성향은?

출처: 한국보육진흥원(2021). 어린이집 아동학대 대응 매뉴얼. p. 30에서 발췌.

OX 퀴즈

나의 귀인성향 점검하기

Q1 아동이 줄을 서지 않고 친구를 미는 것은 교사의 지시를 따르지 않고 권위에 도전하는 행동으로 이해한다.

Q2 아동이 평소와 다르게 행동하는 것은 교사의 관심을 끌기 위해 하는 행동으로 생각한다.

Q3 아동이 문제행동을 할 때에는 원인을 찾아보고, 적절한 지원을 해야 한다.

정답 **1** × (다른 친구의 입장을 이해지 못했거나, 자신의 행동을 스스로 조절하는 능력이 아직은 미숙하기 때문이라고 이해한다.) **2** × (평소와 다르면 '이유가 있을텐데'라고 생각하고 관심을 갖는다.) **3** ○

아동권리존중을 위한 조직문화

우리 기관의 조직문화는 어떠한가요? 조직문화가 잘 조성되어 있는 기관은 아동권리존중 분위기도 잘 만들어집니다. 아동권리존중 조직문화 조성을 위한 내용을 점검해 보고, 우리 기관의 장점과 개선점에 대해서 토론해 보세요.

교육일 ______________________ **교육이수자** ______________(서명)

아동 권리존중 조직문화 조성을 위한 점검내용	(○ ×)
1. 기관의 비전과 가치가 반영된 운영방침 및 업무지침을 마련하고 교직원과 공유하여 업무절차가 합리적이고 일관되게 진행될 수 있도록 지원한다.	
2. 교사회의 시간 등을 통해 교직원의 의견이 반영될 수 있도록 하고 업무 고충을 함께 논의하고 지원한다.	
3. 교직원들의 정서적 소통을 지지하고 조직 내 협업을 높일 수 있도록 존중과 배려를 통해 교직원이 존중받는 경험을 제공하여 아동인권존중을 실천할 수 있도록 한다.	
4. 상시 모니터링과 사례 장학지도 등의 피드백을 통해 업무역량을 높이고 전문성을 개발할 수 있도록 지원한다.	
5. 신입교사와 경력교사의 멘토링 관계를 통해 업무수행이나 스트레스 상황에 대해 조언받을 수 있도록 지원한다.	
6. 교직원의 처우나 복지 개선을 통해 업무 스트레스를 회복하고 권리존중을 실천할 수 있도록 한다.	
7. 근무환경 개선 및 조직문화 관리를 통해 교직원이 소속감과 자긍심을 높이고 행복하게 근무할 수 있도록 한다.	

우리 기관이 잘하고 있는 조직문화는?

우리 기관이 노력해야 하는 조직문화는?

출처: 한국보육진흥원(2021). 어린이집 아동학대 대응 매뉴얼. p. 48에서 발췌.

OX 퀴즈

아동권리존중을 위한 조직문화

Q1 교사회의 시간을 통해 교직원들과의 정서적 소통을 원활히 할 수 있도록 돕는 것은 아동권리존중을 위한 노력이다.

Q2 기관의 비전과 가치가 반영된 운영방침이나 업무지침을 일관되게 진행하는 것은 조직문화에 기여하는 것이며, 이는 아동권리존중을 위한 노력이다.

Q3 교직원의 처우나 복지를 개선해서 업무 스트레스를 줄이는 것은 아동권리존중을 위한 조직문화 조성에 도움이 된다.

정답 1 ○ 2 ○ 3 ○

아동학대 사례를 통해 알아보아요

그동안 매체를 통해 보도된 아동학대 관련 사건, 사고 사례를 선정하여 함께 분석하고 서로의 생각을 나눠보세요.

교육일 ______________________ **교육이수자** ______________(서명)

사례관련 기사문 붙이기

1. 사례 선정하기

언제 발생했나요?	
사례내용은 무엇인가요?	
피해 정도는 어떠했나요?	

2. 위 사례를 통해 발견한 문제점은 무엇인가요?

3. 위와 같은 아동학대를 예방하기 위해서는 어떠한 노력을 해야 할까요?

아동권리가 존중되는 점심시간

먹는 즐거움은 우리 아동들을 균형 있게 성장시키는 중요한 요소입니다. 우리 기관의 점심시간은 어떠한가요? 우리반 아이들이 즐겁게 식사를 하고 있나요? 아동들의 식사시간을 점검해 보고 개선할 점이 있는지 생각해 보세요.

교육일 ______________________ **교육이수자** ______________(서명)

1. 우리반 아이들의 발달에 맞게 식재료가 제공되고 적절한 양을 섭취하고 있다.
   교사의 지원:
   ____

2. 다양한 음식을 골고루 섭취하고 있다.
   교사의 지원:
   ____

3. 식사에 집중하고 친구들과 함께 적절한 속도로 식사한다.
   교사의 지원:
   ____

4. 식사 시 필요한 생활기술들을 잘 익히고 있다.
   교사의 지원:
   ____

5. 식사를 마친 아동들을 위한 적절한 지원이 이루어지고 있다.
   교사의 지원:
   ____

OX 퀴즈

아동권리가 존중되는 점심 시간

Q1 식사를 할 때 음식을 흘리면서 먹는 것은 아직 발달이 미숙하기 때문이다.

Q2 스스로 식사를 잘 못하는 아동도 식사 시간은 즐거워야 한다.

Q3 밥을 늦게 먹는 아동에게 빨리 먹도록 계속 재촉하거나 눈치를 주는 것은 자유롭게 먹을 권리를 침해하는 것이다.

정답 **1** ○ **2** ○ **3** ○

나의 스트레스 날려 보내기

스트레스 관리는 나 자신을 행복하게 하기 위한 것이며, 나의 행복은 함께 생활하는 아동들에게도 긍정적인 영향을 미칩니다. 자신의 심리적 안녕감을 위한 스트레스 관리 방법을 기록해 보세요.

교육일 ____________________ **교육이수자** ________________(서명)

다음의 질문을 통해 나의 스트레스 관리 정도를 체크해 보세요.	○ , ×
1. 나는 나를 힘들게 하는 심리적 스트레스를 잘 파악하고 있다.	
2. 나의 스트레스 관리를 위한 나만의 방법이 있다.	
3. 직장에서 스트레스 관리를 위한 다양한 활동에 참여한다.	
4. 지자체에서 실시하는 다양한 심리지원 활동에 참여한다.	

스트레스 해소를 위한 다양한 방법과 하고 싶은 활동들을 나눠보세요.

OX 퀴즈

나의 스트레스 날려 보내기

Q1 나의 스트레스 관리는 아동과의 긍정적 관계에 도움이 된다.

Q2 나의 노력뿐만 아니라 직장에서 함께 관리해 줄 때 스트레스 관리에 도움이 된다.

Q3 스트레스가 너무 심할 경우에는 전문가와 상담하는 것이 스트레스 관리에 도움이 된다.

정답 **1** ○ **2** ○ **3** ○

참고문헌 및 참고자료

교육부 · 보건복지부(2016). 유치원 · 어린이집 아동학대 조기발견 및 관리 · 대응매뉴얼.

보건복지부(2021). 어린이집 아동학대 대응매뉴얼.

서울특별시교육청(2020). 유치원용 인권교육자료 개발.

어린이집안전공제회(2018). 보육교직원 안전교육.

한국보육진흥원(2021). 어린이집 아동학대 대응 매뉴얼.

초록우산어린이재단 교육센터 홈페이지

아동권리보장원 홈페이지

저자 소개

조경희
아동인권 1급 전문가
단국대학교 일반대학원 특수교육학과 장애인 평생교육 및 복지 전공 박사과정

조현정
아동인권 1급 전문가
단국대학교 일반대학원 특수교육학과 유아특수교육 전공 박사 졸업

정애련
아동인권 1급 전문가
명지대학교 일반대학원 아동학과 아동가족심리치료 전공 박사 졸업

이현정
아동인권 1급 전문가
단국대학교 일반대학원 특수교육학과 장애인 평생교육 및 복지 전공 박사 수료

오미나
아동인권 1급 전문가
숭실대학교 사회복지대학원 상담복지전공 석사 졸업

아동권리존중
교사 실천 워크북

1판 2쇄 발행 2024년 3월 15일

지은이 조경희 조현정 정애련 이현정 오미나
펴낸이 김동근
펴낸곳 지식터

등 록 2022년 10월 19일 (등록번호 제396-2022-000170호)
주 소 경기도 고양시 일산동구 정발산로 24 웨스턴타워 3차 417호(장항동)
전 화 031-811-8500
팩 스 031-811-8600
이메일 jster22@naver.com
홈페이지 www.jster22.com
ISBN 979-11-92845-92-0 (13370)

값 9,000원